AF365987

DES VERTVS

NECESSAIRES

A VN PRINCE

POVR BIEN GOVVERNER

ses sujets.

A PARIS,

Chez TOVSSAINT DV BRAY, ruë sainct Iacques
aux Espics-meurs.

M. DC. XXIII.

Auec Priuilege du Roy.

A

MONSEIGNEVR
LE COMTE
DE HARCOVRT.

ONSEIGNEVR,

La dignité des Princes est si gran-
de, qu'il n'en est point de plus excel-
lente dans le monde, ny qui soit
plus approchante de la Diuinité, dont ils imitent
icy bas la gloire, & representent la puissance. Ce
sont eux qui font comme il leur plaist, le bon &
mauuais sort du reste des hommes, & semble que
la Fortune ne rende les peuples heureux, & mal-heu-
reux que par leur consentement. Leurs vies sont en.

ã ij

vne particuliere protection du Ciel, la Terre est par-
tagée entr'eux, ils peuuent tout ce qu'ils veulent, en
fin toutes choses despendent d'eux, comme eux ne dependent que de Dieu. En ceste eminente condition
où ils sont esleuez, lors qu'il arriue qu'ils se laissent
surmonter au vice, quelle sorte de desordres & de
calamitez n'affligent les Estats ? Et quelle sorte de
prosperitez & d'honneurs n'y voit-on fleurir lors
qu'ils s'exercent à suyure la vertu ? Il ne fut iamais
de siecle plus heureux que celuy d'Auguste, ny d'Empire plus deplorable que celuy de Neron. Et certes
comme la lumiere & les tenebres ne naissent que du
Soleil, de mesme les bonnes & mauuaises mœurs à
quoy les peuples sont enclins, ne procedent que des
Princes, qui les animent au bien & au mal par
leur exemple. De sorte qu'on peut dire que ceux qui
leur donnent des conseils pour bien viure, ne sçau-
roient employer leur esprit ny leurs soins plus vtile-
ment ; puis que le profit qu'en reçoiuent ceux qui
sont nays pour commander est si grand, qu'il se respand
sur tout le monde. Ie vous presente icy, MON-
SEIGNEVR, quelques petits discours sur ce suiet,

pour attirer vostre curiosité à les voir, & non pas
auec intention de vous instruire. C'est vne image
des Vertus dont vostre ame est ornée, & qui vous font
aymer & admirer de tous ceux qui ont ouy parler de
vous. Aussi est-ce vne chose merueilleuse & que
sans flatterie on peut appeller diuine, de voir vn Prince si parfaict que vous estes, en vn âge, & en vne condition, où tout est permis, & où les vices sem-
blent deuoir estre excusables, si iamais ils le peuuent
estre. Mais pour n'offencer vostre modestie, en loüant
toutes les bonnes qualitez dont on remarque que vous
estes doüé, il suffit seulment de dire de vostre Valeur ce
qu'en croit toute la France. A n'en mentir point elle
est si admirable que tout ce que l'Antiquité a feint des
demi-Dieux, dont elle a voulu rendre les exploits re-
commandables à la posterité, ne peut estre preferé sans
iniustice à ce que vous auez faict en toutes les occasions où vous vous estes rencontré. Vous estes d'vne
maison où ceste vertu est si naturelle, qu'il n'en sçauroit sortir que d'extremement vaillants. Personne n'i-
gnore les conquestes de vos illustres Ayeux, qui ont
triomphé de l'Orient, & remply toute la terre du

bruit de leurs armes & de leur renommée. Toutesfois puis que les exemples que nous auons deuant nos
yeux, nous touchent beaucoup plus que ceux qu'il
faut emprunter de la memoire des morts ; peut-on
nier que s'il y a quelqu'vn dans ce Royaume qui
n'ayt veu les genereuses actions que MONSEI-
GNEVR vostre Frere a faictes à ces derniers mouuements, il n'ayt au moins ouy dire que le Roy n'a
iamais esté plus dignement seruy, que lors qu'il l'a
employé à la conduitte de ses armées ? Qui ne sçait
aussi que iamais sa Maiesté ne s'est ressouuenuë
de ceux qui ont exposé leur vie contre les Rebelles
pour maintenir son authorité, qu'il n'ayt loüé son
Courage, & le vostre comme deux des plus fer-
mes soustiens de son Estat. Quand à vous particulierement, MONSEIGNEVR, il est certain que depuis que vous auez la force de porter
les armes, il n'y a point eu de guerre signalée dedans
ny dehors la France où vous n'ayez donné des tes-
moignages d'vne Valeur incomparable. L'honneur
que i'ay d'estre à vous, ne sçauroit rendre ces loüan-
ges suspectes de flatterie : car outre que ie ne sçay pas

mentir, ce que ie dis est vne verité si recognuë, que l'enuie mesme ne la peut contredire. Puissiez vous ioüyr, MONSEIGNEVR, de tous les bon-heurs dont vous estes digne. C'est le comble des vœux qu'on peut faire pour vous ; car vostre Vertu est ant parfaicte comme elle est, & toutes les grandeurs de la terre estant accompagnées de quelques espines, comme certainement elles sont, il ne faut pas esperer que vous en ayez iamais qui soient esgalles à ce que vous meritez : Au moins n'en pourrez-vous tant posseder que vous en desire,

MONSEIGNEVR,

Vostre tres-humble, tres-
obeyssant, & tres-fi-
delle seruiteur,
FARET.

AV LECTEVR.

IE vous prie de ne commencer pas à lire ce liure que premierement vous n'ayez remarqué les fautes qui s'y sont coulees. Quelque soin que i'aye pû apporter à les corriger, l'Imprimeur y en a laissé de si grossieres que si vous ne prenez la peine de les voir icy, vous perdrez quelquefois le sens d'vne periode entiere. Ie ne sçay par quelle extrauagance il a mis *fin* pour *felicité* en la page 4. ligne 11. *languit la maladie* pour *languit de maladie* pag. 5. lig 13. *croissance* pour *accroissance* pag. 9. lig. 19. *Il est dangereux de dire la mesme verité* pour *dire mesme la verité* pag. 20. lig. 1. *desbordement des mœurs* pour *desbordement de mœurs* pag. 55. lig. 19. *solitaires* pour *salutaires* pag. 58. lig. 11. *la prudence & valeur* pour *la prudence & la valeur* pag. 66. lig. 8. *l'iniustice, temerité,* pour *l'iniustice & la temerité* pag. 74. lig. 1. *Si bien que guerre est tres iniuste* pour *si bien que la guerre* pag. 74. lig. 22 *ny desirer ny la craindre la guerre* pour *ny desirer ny craindre.* pag. 78. lig. 22. Il y a encores quelques legeres fautes que ie n'ay daigné marquer icy, pource qu'elles ne troublent ny l'ordre des paroles, ny ne trahissent mon intention.

DISCOVRS DES VERTVS
DIGNES
DES PRINCES.

DE LA VERTV EN GENERAL.

CHAPITRE PREMIER.

N bon Prince qui est
obligé d'auoir vne
moderatió de vie dau-
tant plus grande, que
sa condition est esle-
uée par dessus celle du
reste des hommes, doit estre espris
du desir de suiure la Vertu, principalement à cause de son Excellen-
ce & de sa Beauté, & encores pour
le bon-heur qu'on voit naistre ordi-

A

nairement parmy des peuples qui
font gouuernez par des perfonnes,
dont les actions font pures de toutes
fortes de vices. Et certes quất à l'Ex-
cellence de la vertu, il fuffit de dire
qu'elle eſt le feul bien de l'homme,
puis qu'elle feule nous rend prefque
efgaux aux Dieux, tant elle forti-
fie nos efprits, afin de les faire afpirer
à l'immortalité. Auffi n'y a-t'il qu'elle parmy les chofes que nous poffe-
dons, qui ne foit point fujette à quelque puiffance eſtrangere, & ne reco-
gnoiffe que foy-mefme pour Souueraine; Tout le reſte rend hommage à
la Fortune, & luy obeit. Les Richef-
fes & la Beauté ont vn efclat qui fe
ternit facilemết, elle feule eſt enuirõ-
née d'vne eternelle fplendeur; c'eſt
pourquoy on la doit iuſtement pre-
ferer à tout ce qu'il y a de plus excellent dans le mõde. Sa Beauté paroiſt

assez en ce qu'il n'est rien de plus aymable qu'elle, ny qui gagne si puis-
samment les inclinations des hommes : car souuent nous portons quelque sorte d'affection à des personnes
que nous n'auons iamais veuës, & cela arriue à cause seulement qu'elles
sont en estime d'estre vertueuses :
Et mesmes elle a des charmes se-
crets qui sont si puissans qu'elle contraint les vicieux à la respecter, desorte qu'on peut dire qu'elle est vne
Beauté si claire & si nette qu'elle es-
blouit le vice, & que l'enuie mesme
ne la peut souiller. Quant aux bon-
heurs qu'elle respand sur les Princes
qui la suiuent, le nôbre en est si grand
qu'vn Ancien disoit que toutes sortes de prosperitez accompagnent
celuy qui la possede. Si l'on considere
les Richesses, combien doit-on estimer la Vertu, qui est vn thresor si as-

seuré qu'il ne peut nous estre rauy, & si rare que les naufrages ny les embrazements ne nous le sçauroiët faire perdre, ny le changement des âges le ruyner? Si l'on a esgard au repos & au contentement de l'esprit, qui ne sçait que les plaisirs que nous fait gouster la Volupté, sont beaucoup moins doux que ceux que nous dône la Vertu? puis qu'il n'y a qu'elle qui nous conduise à vne fin qui n'a point de terme. Si le desir d'acquerir de l'honneur nous attire, quelqu'vn peut-il ignorer que la Gloire suit la Vertu, comme l'ombre suit le corps. Si nous sommes touchez d'vne abondance de biens exterieurs, sçauons-nous pas que tout le trauail que les hommes employent à cultiuer la terre, à bastir, & à traffiquer sur la Mer, n'est que pour seruir la Vertu. En fin si nous desirons

auoir quelque chofe de Grand, &
de glorieux, c'eſt par ſon moyen
qu'il faut l'obtenir, pour ce que
ſans ce fondement, toutes nos entrepriſes tombent en ruyne d'elles-
meſmes.

Le Prince doit auſſi eſtre excité à
embraſſer la vertu, pour le ſalut de
ſes peuples; puiſque la bonne ſanté
procede de la teſte, & que ſelon l'e-
ſtat où elle ſe treuue, le reſte du
corps eſt plein de vigueur, ou languit la maladie. De ſorte que les
Roys ne ſont pas eſleuez à ceſte e-
minente dignité, afin qu'ils viuent
delicieuſement, mais afin que par
leur moyen ceux qui ſont ſous leur
domination viuent bien & heureu-
ſement. Et ceux qui gouuernent
les Republiques ne doiuent auoir
pour objet que le repos du peuple,
& de le rendre abondant en richeſ-

ſes, redoutable en forces de guer-
res, plein de gloire, & orné de toutes ſortes de vertus. C'eſt pourquoy Trajan ne vouloit pas per-
mettre qu'on fiſt des vœux publics
en ſa faueur, que premierement on
n'euſt recogneu que ſon regne a-
uoit eſté vtile à la Republique. Et
ſon ſucceſſeur Adrian promit ſouuent en plein Senat de gouuerner
l'Empire de telle ſorte, que les affaires publiques luy ſeroient plus che-
res que les ſiennes propres : Auſſi à
n'en mentir point, c'eſt le deuoir auquel le Souuerain eſt principalemét
obligé, puiſqu'il faut que par ſes
veilles le ſommeil de tous ſes ſubjets ſoit ſans danger, que ſa peine
les deſliure de ſoins, & que demeu-
rât luy ſeul expoſé à la violence des
orages qui ont de couſtume d'agi-
ter les plus fleuriſſantes Monar-

chies, il les asseure dans le port, &
les fasse iouyr des delices d'vn Estat
plein de tranquillité. Alors cognoif-
fants tous qu'il n'est pas moins pour
eux qu'il est au deffus d'eux, fon
auctorité fera ferme, & fa puiffance
fouftenuë de bons fondemens. Cependant il doit eftre foigneux de les
exciter au bien par fon bõ exemple,
pource que les fujets n'ont iamais
tant befoing d'eftre commandez,
que d'eftre inftruits, & qu'ordinairement en vn Eftat, ceux qui obeyf-
fent fõt enclins aux mœurs de ceux
qui commandent: Car le defir qu'ils
ont d'imiter des perfonnes qu'ils
croyent ne deuoir point faillir, eft
beaucoup plus puiffant pour les attirer à fuiure la vertu, que la rigueur
des loys, ny tout ce qu'on leur peut
propofer pour les y contraindre.
Et certes il femble que nous ayons

beaucoup plus de facilité à furmonter la peine que nous nous figurons eftre à bien faire, lors que nous voyons que le Prince s'y oblige auecque nous. Pource que comme il n'y a perfonne qui ne defire eftre en fa grace, & ne foit bien ayfe qu'il approuue ce qu'il fait, il faudroit auffi n'auoir point de iugement pour efperer ce bon-heur en rendant fon inclination contraire à la fienne. De cefte forte par vne longue continuation de complaifance, nous prenons vne fi forte habitude, qu'à la fin la façon de viure d'vn feul homme deuient celle de tout le monde. C'eft pourquoy que le Souuerain veille des chofes honneftes, difficilement arriuera-t'il que perfonne ayt d'autre volonté que la fienne.

Maintenant il faut auertir le

Prince des choses qui sont necessaires pour acquerir la vertu, comme
est principalement la bonne instru-
ctió, pource que nos esprits sont for-
mez au bien par les salutaires enfei-
gnemens qu'on nous donne, & que
nous ne sçauons que ce qui nous a
esté apris. De sorte que l'education
desire vn grand soin, puis qu'elle est
si vtile que d'elle despéd en quelque
façon le succez de tout le reste de la
vie. Et comme il est tres-facile de
corriger les defauts qu'ó remarque
en vne ame encore tendre, & capable de reçeuoir toutes les impref-
fions qu'on luy veut donner, il n'est
rien aussi de plus malaisé que d'arra-
cher les vices qui ont jetté de fortes
racines, & pris croissance auecques
nous. Les terres les plus fertiles font
celles qui se corrompent le plus facilement lors-qu'elles font negli-

gées, & les meilleurs esprits sont
ceux qui se gastent le plutost s'ils ne
sont cultiuez. C'est pourquoy comme on enuironne d'espines les jeunes arbres, crainte que les animaux
ne les offencent, on peut de mesme
donner à ces jeunes ames quelques
preceptes vn peu seueres, de peur
qu'elles ne soient occupées par le
vice ; pource que de là depend le sa-
lut, ou la ruyne des Estats. Cependant quelques grandes dispositions
au bien qu'on remarque en cét âge,
il est neantmoins extremement
dangereux d'en negliger l'instru-
ction : car comme la fleur des arbres
n'en est pas le fruit, de mesme ceste
matiere de vertu n'est pas la vertu
mesme, si elle n'est cultiuée.

La diligence & le trauail seruent
aussi grandement à acquerir la vertu, & il est impossible de la suiure &

de fuyr la peyne, puis qu'il y a quelque forte de difficulté à euiter les
chofes qui font côtraires au bien, &
qu'on ne furmonte pas les vices fans
combat ; comme de la bonté auecque la malice, & de la continence
auec l'impudicité, & de la valeur
auec la lafcheté. Toutes foisil faut
penfer que la peyne eft l'element
d'vne ame genereufe, & que nous
n'aymons prefque iamais ardemment que les chofes qui nous ont
coufté beaucoup de foing pour les
acquerir. La condition des hommes eft attachée à cefte dure loy,
qu'ils ne peuuent paruenir à rien de
fublime, qu'à force de fupporter
d'extremes incommoditez. Auffi le
chemin du Ciel n'eft pas fans épines,
& le throfne de la Gloire eft en vn
lieu fi efleué, qu'il n'eft acceffible
qu'à ceux qui ne fe laiffans point

charmer aux delices, ſouffrent con-
ſtamment les trauaux, & regardent
le peril ſans trembler. Cependant
combien que ceſte façon de viure
ſemble en apparence eſtre rigou-
reuſe, ſi eſt-ce toutes fois qu'elle ne
ſçauroit effrayer vn courage bien
reſolu, ny eſteindre en luy le deſir
d'aſpirer aux belles choſes, quelques difficultez qui ſe preſentent:
outre qu'il y a beaucoup plus de
peine à s'exercer au mal qu'au bïe;
Car que peut-on trouuer de plus
tranquille que le repos de l'eſprit?
& au contraire quelle choſe agite
nos eſprits auecque plus de violence que fait la colere? qu'eſt-il de plus
doux que la clemence? & de plus fa-
rouche que la cruauté? la temperance eſt paiſible, & la lubricité
troublée d'eternelles inquietudes;
Enfin la vertu iouyt d'vne bonace

aſſeurée, & le vice eſt touſiours en
pleine tourmente, & ſur le point de
faire naufrage. Que s'il ſe treuue
quelque peine à ſuiure le bien, elle
eſt fort allegée par la couſtume que
nous prenons à faire de bonnes
actions : Car l'habitude eſt ſi puiſ-
ſäte qu'elle nous fait treuuer doux
les trauaux, meſpriſer les dangers,
& ſürmonter toutes choſes. Auſſi
ne pouuons nous rien entreprendre
qui ſoit digne de loüiange ſans vn
long vſage, ny rien acheuer ſans
vne parfaitte experience. Celuy qui
s'eſt exercé toute ſa vie à faire bien,
tourne à la fin cette façon de viure
en nature, par le moyen de l'habitude. Les choſes celeſtes ne peuuent demeurer en repos, & l'eſprit
de l'homme doit d'autant plus aymer le trauail & s'y accouſtumer,
que ſon origine eſt diuine, ſi bien

qu'vn grand Personnage ne dit pas
sans sujet qu'vne partie de la vertu
consiste en la discipline, & l'autre en
l'action ; Car nous deuons premierement apprendre , & confirmer
apres par l'exercice , ce que nous
auons apris.

La communication auecque les
gens de bien est encore beaucoup
vtile à l'accroissement & à la conseruation de la vertu : pource qu'il n'y
a rien qui nous fasse perseuerer plus
constamment au bien, ny qui nous
retire plutost du mal que la bonne
conuersation. Les choses que nous
voyons & entendons souuent s'im-
priment peu à peu dans nos esprits,
& à la fin nous nous accoustumons
à les receuoir comme des enseigne-
mens salutaires à nostre bien. De
sorte que si la rencontre des com-
pagnies vicieuses nous a inspiré

quelques commencements de maladie dans l'ame, la compagnie des
bons diſſipera cette infection : Et
comme en temps de peſte nous crai-
gnons de nous approcher des corps
que le mauuais air a deſia corrom-
pus, de peur que l'odeur qu'ils exa-
lent ne nous ſurprenne ; de meſme
en l'election de ceux qu'vn Prince
veut aymer & voir ſouuent, il faut
regarder ſoigneuſement s'ils ont
l'ame pure & ſaine, de peur qu'ils ne
ſoüillent la leur, & ne leur commu-
niquent la maladie dont ils ſont trauaillez. Et certes vn bon air , &
vn climat temperé n'eſt point
plus neceſſaire à la ſanté , que
le commerce de vie auec les gens de
bien eſt vtile à ceux qui n'ont encore pris aucune facon de viure aſſeurée. Il faut donc eſtre grandement
ſuperſtitieux au choix des perſon-

nes auec qui l'on defire auoir de la familiarité,& ne voir s'il eft poffible que ceux qui nous peuuent rendre meilleurs que nous ne fommes. Et principalement en vn Prince c'eft vne marque d'excellent iugement, lors qu'il ne fouffre la conuerfation que de ceux que la renommée de leurs vertus a rendus celebres : pource que chacun croit facilement qu'il a l'inclination femblable à celle des perfonnes qui font aupres de luy.

L'amour de la loüiange produit auffi celle de la vertu dans vn efprit genereux. Car tous les hommes font touchez du defir d'acquerir de la gloire, & il n'eft point d'ame qui foit affez feuere pour ne treuuer pas en la loüiange la douceur que tout le monde y goufte. Auffi à n'en mentir point qui fepareroit l'hon-

neur d'auecque la vertu, ce seroit
la rendre vne amertume toute pure, & luy rauir ce charme puissant
dont elle attire à soy les ames les
plus farouches : iusques là mesme
que le mespris de la renommée engendre celuy de la vertu.

Le Prince n'est pas seulement excité à la vertu par la gloire, & par toutes ces autres considerations que
nous auons alleguees, mais encore
par l'exemple de ses Ayeux, & des
Personnages illustres dont on luy
represente les memorables actions.
Aussi faut-il auoüer que les preceptes sont extremement impor-
tuns, & que les exemples enseignent
beaucoup plus facilement : car ils
seruent aux Princes d'vn miroir si
fidelle qu'il ne les flatte iamais, &
n'est pas moins vtile à leur faire cognoistre s'ils ont des deffaux, qu'à

C

leur infpirer vn ardent defir d'afpirer aux chofes hautes, lors qu'ils
confiderent la grandeur de leur
naiffance, qui ne leur permet pas
d'auoir aucune penfée baffe & vul-
gaire; De forte qu'il femble que naturellement les hommes foyent
portez à imiter les vertus qu'on a
veu reluire en leurs Anceftres, &
à les rendre hereditaires en leurs
maifons.

DE
LA RELIGION.

CHAPITRE II.

A premiere partie de la vertu est la Religion, qui conserue la societé entre les hommes, & les fait obeïr aux loix, sans lesquelles les Monarchies n'auroient aucun fondement asseuré. C'est pourquoy afin de ne mettre rien dans la confusion & le mauuais ordre, i'en escriray icy fort briefuement, comme c'est mon dessein de faire de toutes les autres qualitez dont vn bon Prince doit estre orné. Et pource qu'il est dangereux de di-

re la mesme verité des choses diui-
nes, ie me contenteray d'en tou-
cher seulement quelques petits
points, qui seruiront plutost d'orne-
ment à ce discours, que de lumiere
pour faire cognoistre cette vertu.
On la definit vn sainct & entier sen-
timent de Dieu, & vn zele deuo-
tieux à son seruice. Car il faut premierement croire qu'il est, & par
consequent qu'il gouuerne toutes
les choses qu'il a creées auec vne
parfaicte iustice, & vne extreme
bonté, qu'il le faut adorer, & n'a-
uoir iamais de volonté contraire à
la sienne, comme estant celuy de
qui nous auons receu l'estre, &
dont la clemence nous fait esperer des contentemés eternels. Particulierement il est conuenable que
ceux qui ont l'ame bonne recon-
noissent ceste supreme bonté, &

que ceux qui commandent, obeyſ-
ſent à celuy qui gouuerne tout ce
qui eſt dans le monde. Ainſi les peuples penſent ne deuoir rien endurer
d'iniuſte ſous la domination des
Princes, qu'ils ſçauent auoir la
crainte de Dieu en l'ame, & cette
opinion les rend moins hardis à entreprendre contre eux, pource
qu'ils croyent qu'ils ſont en la pro-
tectiõ du Tout-puiſſant. De fait on
voit touſiours proſperer ceux qui
le ſeruent, & iamais la fin n'eſt heu-
reuſe de quiconque meſpriſe ſes
commandemens. Il voit quels nous
ſommes dans la conſcience, ce que
nous faiſons, & de quelle façon
nous exerçons la Religion. Nous
auons beau paroiſtre vertueux, &
cacher nos crimes aux hommes,
puiſqu'il penetre dans nos plus ſe-
crettes intentions, & que nos ames

luy sont toutes ouuertes. Viuons doncques de telle sorte que nos actions soient si nettes, que nous les puissions faire en public sans rougir, & que nos pensées soient aussi pures comme si elles deuoient estre cognuës de tout le monde. Car que nous seruiroit-il de les dissimuler, puisque Dieu en est spectateur, & qu'il nous prepare les recompenses que nous auons meritées en faisant du bien, ou les suplices dont nos crimes sont dignes, sans que nous les puissions euiter. Sa presence qui ne nous abandonne iamais, semble nous reduire à la necessité d'obseruer ses loix, puisque nous sommes asseurez d'estre tousiours deuant luy comme deuant les yeux de nostre Iuge: Que tous nos soins s'employent doncques à luy complaire, & soyons scrupuleux à ne commet-

tre aucune offence contre luy, s'il
nous est possible; sans toutes fois
nous jetter dans la Superstition, qui
est le vice auquel sont sujets ordinairement ceux qui veulent trop
bien faire. Ce mal est vne foiblesse
d'ame, qui est à deplorer, car elle
nous fait craindre outre mesure
ceux que nous voulons aymer, &
nous contraint à importuner ceux
à qui nous desirons rendre des res-
pects; de sorte que si cette folie
estoit moins commune qu'elle n'est,
on estimeroit furieux ceux qui en
seroient atteints, mais le grand
nombre de ceux qui en sont trauaillez, l'excuse & la fait passer pour vn
mediocre deffaut.

DE LA PRVDENCE.

CHAPITRE III.

PVisque la Prudence n'est pas seulement la plus necessaire de toutes les Vertus que peut acquerir vn Prince qui desire maintenir son auctorité: mais encores qu'elle sert de flambeau aux autres, & de reigle à toutes les actions des hommes, il faut en dire quelque chose, apres auoir parlé de la Religion, comme du fondement des Estats. On peut doncques dire qu'elle est vne cognoissance & vn choix de ce qu'il faut suiure, & de ce qu'il faut éuiter; desorte qu'el-

le est

le eſt Reyne des autres Vertus, & ſe
ſert d'elles pour executer ſes con-
ſeils. C'eſt pourquoy les Anciens di-
ſoient qu'elle les ſurpaſſe autant,
que l'vſage de l'œil eſt excellent par
deſſus celuy du reſte des ſens. Quãt
à l'exercice de cette Vertu, celuy·là
ſe peut nommer Prudent qui ſçait
juger de ce qui eſt bon, & non ſeulement en vne partie, mais en tous
les euenemens des choſes du monde. Si bien que la Prudence eſt l'art
de bien viure, comme la medecine
eſt l'art de conſeruer la ſanté C'eſt
elle qui donne l'ordre aux choſes
preſentes, qui preuoit l'auenir, &
ſe reſſouuient de ce qui s'eſt paſ-
ſé. Elle eſt ſi noble & ſi excellente,
qu'elle eſt la vraye vertu des Princes; car comme celuy qui veut con-
duire vn nauire, doit ſçauoir la façon de le bien gouuerner, de meſme

quiconque defire heureufement re-
gir vn Eftat, eft obligé d'apprendre
la difcipline & les loix, qui font fleurir les peuples, & profperer les Co-
ronnes. Et comme vn bon Pilote
vfe moins de force que d'adreffe,
ainfi les hautes entreprifes fe mettent plus fouuent à chef par les
bons confeils que par la force des
armes. De forte mefme que plufieurs chofes qui font empefchées
par la nature, font acheuees par la
Prudence : Auffi rien n'eft durable
que par fon moyen, & la valeur fans
fon affiftance fe deftruit elle mefme; & à dire le vray, il n'eft point
d'armee fi puiffante, qui ne foit foible, & aifée à deffaire, fi elle n'eft fa-
gement gouuernée. C'eft pour-
quoy vn bon Capitaine ne redoute
pas beaucoup la fortune; eftant af-
feuré que le bon fens & l'experien-

cela surmõtent facilement, & qu'elle est contrainte d'obeyr à la raison:
d'autant que comme disoit vn ancien, le Sage fait luy mesme son de-
stin. Veritablement si nous estions
Prudens iusques au point que nous
le pouuons estre, la fortune seroit
sans autels: c'est nous qui l'auons
faite Deesse, & luy auons donné
vne place dans le Ciel. Si bien que
les Princes doiuent se soumettre à
la raison, s'ils desirent que toutes
choses leur soyent soumises, ils gou-
uerneront heureusement leurs peuples, si elle les gouuerne, & c'est elle
qui leur enseignera ce qu'ils doiuent
entreprendre, & les moyens d'en
venir à bout.

Cependant pour bien sçauoir ce
que nous deuons suiure, & ce qu'il
faut euiter, il est necessaire de considerer les hommes que nous fre-

quentons, les chofes que nous en-
treprenons, & le temps auquel nous
les faifons, & premierement quant
aux hommes, la plus vtile fcience d'vn Prince eft de cognoiftre les
fiens. De forte qu'il doit accommoder fa façon de regner aux mœurs
de fes fuiets, traitter moderement
les gens de bien, eftre feuere aux fe-
ditieux, & debonnaire à ceux qui
font obeiffans. L'exemple de Hen-
ry le Grand eft infaillible, qui atti-
roit les vns par la gloire, les autres
par l'efperance, plufieurs par les
bienfaits, & tous par vne douce
façon de viure auec eux. Ou bien il
doit imiter Vefpafian, qui excitoit
les bons par la loüange, animoit les
lafches par fon exéple plutoft qu'il
ne les contraignoit par fes commandemens, & diffimuloit moins les
vertus que les vices de ceux qu'il

aymoit. Il y a auſſi difference d'hu-
meurs & de couſtumes parmy les
peuples, ſuiuant la diuerſité des cli-
mats où ils habitent; ce qu'vn Prince
doit cognoiſtre pour bien gouuerner. La grauité d'Eſpagne ſeroit
odieuſe en France; ce que font les
Venitiens, ruineroit peut eſtre les
Eſtats de Holande; & le Turc a pluſieurs maximes pour maintenir ſes
ſubjets en deuoir, qui feroient re-
beller les Chreſtiens. Il y a des natiōs
qui ſont ſi ſuperbes, qu'en leur ſeruitude meſme elles veulent paroiſtre libres: Vne pareille domination
eſt delicatte, & vn ſage Prince ſçau-
ra tenir les reſnes iuſtes, & les laſcher
à propos, crainte de les effaroucher.
Il y en a d'autres qui ſont tellement
nées à l'obeiſſance, qu'on croiroit
qu'elles prennent plaiſir à eſtre eſclaues : De ſemblables ſujets doi-
D iij

uent faire pitié à celuy qui leur
commande, & l'obliger comme vn
bon Pasteur, à les traitter comme
des brebis innocentes. D'autres ay-
ment le desordre, & ne se peuuent
côtenir sans exciter quelque mou-
uement, & c'est alors qu'vn Souuerain doit se roidir pour rompre ou
fleschir ceste humeur opiniastre, &
tenir le gouuernail si ferme, qu'il ne
donne aucune prise à la tempeste.
L'vsage de la prudence comprend
encores la façon de gaigner les esprits de ceux qui peuuent seruir aux
grandes occasions : Aussi n'a-t'on
iamais veu Prince bien auisé qui
n'ayt employé quelque fidelle seruiteur à la conseruation de sa fortune, & certes ce n'est pas sans raison,
puisque les bons amys des souuerains font les bons regnes. Cependant le moyen de les acquerir n'est

autre que de sçauoir bien aymer,
pource qu'on ne peut contraindre
l'amour des sujets comme les autres
choses qui dependent d'eux, &
l'homme n'a point de passion si
haute ny si libre que celle-cy. Vn
Prince peut estre hay sans sujet, toutesfois de quelque sorte que ce soit
il le peut estre : mais il est impossible
qu'il soit aymé, si luy mesme ne s'o-
blige aussi à aymer. C'est pourquoy!
ô vous qui estes nais pour commáder, viuez auecque vos Citoyens,
comme auecque vos enfans, & pro-
uoquez leur amour par la courtoi-
sie, sans toutesfois offencer vostre
dignité ; car comme le respect qui
naist de la terreur est desagreable,
aussi ne deuez vous pas rechercher
d'estre aymez en vous raualant
plus que vostre condition ne vous
permet de le faire, & à l'imitation

de nos Roys, retenans la splendeur & la grauité d'vne eminente
fortune, vous euiterez l'enuie &
l'arrogance. Tant la prudence a
de force pour vnir mesme les vertus qui sont de differente espece.
Neantmoins ie vous aduertis qu'il
ny a rien qui soit plus vtile qu'vne
sage deffiance, à ceux qui comme
vous doiuent donner libre accez
aupres d'eux, à toutes sortes de personnes, d'autant que lors mesme
qu'ils taschent le plus à se defendre
d'estre deçeus, il leur est bien difficile de s'en empescher. D'ailleurs
vous deuez considerer que plusieurs ont esté trompez pource que
ils craignoient de l'estre, & que c'est
contraindre vne ame pleine de fran-
chise à trahir, lors qu'on la soupçon-
ne de perfidie, pource que chacun
veut estre creu, & que la foy oblige

la foy,

, la foy. Entre ces deux precipices il
faut marcher, droit crainte de tom-
ber; puisque ce n'est pas vn moindre vice de se fier à tout le monde
que de ne se fier à personne. C'est le
propre d'vn esprit ferme & bien ar-
resté d'examiner tout, de peur que
par vne trompeuse credulité, il ne
prenne de fausses impressions ; car
les apparences des choses sont plei-
nes de doutes & de difficultez. Souuent le bien est pris pour le mal, &
le mal reçeu pour le bien: Mais pour
n'estre que rarement deçeu, croyez
ce que la renommée vous rappor-
te de chacun, sans vous arrester
aux opinions des flatteurs Il est plus
asseuré de croire tout le monde, que des particuliers, pour ce
qu'ils peuuent aysement tromper,
& estre trompez, mais iamais on n'a
veu que tout le monde ayt deçeu

E

vn seul homme, ny qu'vn seul homme ayt deceu tout le monde.

Quant à la cónoissance des choses
qu'vn Prince prudent doit auoir,
elle consiste principalement à ne faire rien qu'auecque ordre & mesure,
& à regarder & maintenir la verité
en toutes ses entreprises : Non pas
qu'il faille tousiours rechercher
vne verité si claire & si pure, qu'elle
ne soit empeschée d'aucune obscu-
rité, pource que cela n'appartient
qu'aux esprits qui ont quelque
rayon de la Diuinité, mais seulemét il faut suiure la vray-semblãce,
d'autant pres qu'il est possible. D'ailleurs quiconque fait quelque dessein, ne doit pas sur tout considerer
s'il est honneste, mais s'il a le pouuoir de l'accomplir; Pource qu'il n'y
a rien de si honteux à vn Prince, que
de commencer des affaires qu'il ne

peut acheuer. Toutes fois il doit
eftre curieux de ne defefperer de
rien par lafcheté ; car la perfeueran-
ce a rendu plufieurs chofes faciles,
qui fembloient d'abord eftre im-
poffibles : Ny d'auoir auffi vne af-
feurance trop prefomptueufe,
pource qu'ordinairement les hommes defirent plus qu'ils ne peuuent
faire, & que leurs fouhaits font
prefque toufiours contraires à ce
qu'ils deuroient demander. Vn
homme d'Eftat n'entreprend rien
qu'apres s'eftre bien preparé, &
non feulement il voit de la penfée
les chofes futures, mais fçait encores deftourner toutes fortes d'acci-
dens, & y donner du remede apres
qu'ils font arriuez. Il faut donc exercer l'efprit à la diligence, & à voir
dans l'auenir, de peur que rien ne fe
faffe negligemment, & fans confide-

ration, puifque la temerité & la fa-
geffe ne peuuent eftre enfemble ,
& que la diligence eft fi vtile
qu'elle vient à bout de toutes chofes. Auffi eft-ce de cefte vertu que
le Prince doit auoir vn familier vfage, pource qu'elle réueille toutes les
autres, & que fans vn foin bien af-
fidu, il eft impoffible de bien gouuerner vn peuple. Il doit encores
fçauoir mefler iudicieufement l'v-
tile auecque l'honnefte, & n'ignorer
pas que les neceffitez doiuent eftre
preferées aux plaifirs, & les chofes
importantes, à celles qui font feulement agreables. Et certes ce n'eft
pas vne lafcheté de fçauoir changer
de confeil à propos: d'autant que
c'eft vne orgueilleufe folie de vouloir perfeuerer en des deffeins mal
pris. Mais puifque la fortune difpo-
fe imperieufement de tout ce qui

est ça-bas, c'est vne vanité qui ne peut estre excusée, de se promettre qu'on la doiue auoir tousiours fauorable; Aussi le sage ne la considere iamais que pour la craindre, & se defendre d'en estre trahy: En vn mot la prudence ne paroist qu'à sçauoir vser de la fortune.

Cette Vertu considere aussi le temps aux choses qu'elle entreprend, & s'y accommode autant qu'elle peut; car mesme les bons desseins estans faits hors de saison, ne doiuent pas estre approuuez, & ce qui est naturellement honneste, semble estre quelques fois ridicule: pource que bien souuent il y a des momens heureux, qui donnent le prix aux choses, & d'autres sinistres qui le leur ostent: particulierement dans les Estats, où il importe grandement, de ne faire pas tousiours la

meſme choſe en meſme temps. Toutesfois vn homme prudent paroiſt
eſgal par tout, & prend ſon temps
ſelon l'eſtat où les affaires ſe trou-
uent, ſans iamais cháger pour quelque ſujet que ce ſoit, mais s'accommode ſeulement aux choſes qu'il
voit changées, comme la main qui
ne ceſſe pas d'eſtre la meſme, lors
qu'elle eſt ouuerte, & lors qu'elle
eſt fermée. Il eſt quelquefois vtile
d'auancer vn peu l'execution de ce
que l'on a conçeu, & ſouuent auſſi
il eſt tres-pernicieux de le faire.
Aux choſes qui ſe preſentent d'elles
meſmes, le retardement eſt vn vice,
& les remedes qui viennent trop
tard ſont d'ordinaire eſtimez ſuperflus, comme auſſi la ruyne des choſes douteuſes eſt en la precipitation.
De petites remiſes apportent ſouuent de grands biens, & l'attente

d'vn iour change quelquefois tellement le vifage des affaires, qu'où
l'on remarquoit de puiffans obfta-
cles, on ne treuue plus aucune difficulté. Or la vraye prudence ne
veut point tromper, ny ne peut
eftre trompée, & rarement vn Prince a-t'il efté deçeu, qu'il n'ayt deçeu luy mefme le premier: Si bien
qu'il ne doit rien faire finement, ny
tourner à vn vfage malicieux la raifon, qui eft le don le plus exquis que
nous ayons reçeu du Ciel, mais au
contraire auoir toufiours l'ame ouuerte & pure de diffimulation, &
c'eft icy vne particuliere marque du
bon ou du mefchant Prince. Car
comme ils defirent tous deux efgal-
lement acquerir de la gloire, &
rendre ferme leur auctorité, l'vn
pource que les moyens legitimes
luy manquẽt, employe toutes fortes

de fineſſes, & de mauuaiſes intel-
ligences pour y paruenir, au lieu
que l'autre par la franchiſe & la
ſyncerité gaigne le cœur de ſes ſujets, & l'eſtime des nations eſtran-
geres. Si bien qu'vn ſage Souuerain
doit ſe garder d'eſtre ſemblable à
Louys XI. qui n'aymoit (diſoit-il)
aucune de ſes vertus à l'eſgal de
la diſſimulation : mais plutoſt à noſtre grand Monarque Louys XIII.
lequel comme il ne peut careſſer les
meſchants, auſſi ne ſe laſſe t'il point
d'obliger & de monſtrer bon viſage
à ceux dont la vie eſt ſans reproche :
& à n'en mentir point, vn bon Prince
ayme beaucoup plus eſtre vertueux que le paroiſtre ſeulement; bien
loin de l'humeur de ceux que l'ambition contraint à déguiſer toutes
leurs penſées, & leurs actions,
& qui font moins d'eſtat d'auoir
l'ame

l'ame bonne que l'apparence.
De sorte qu'il faut destruire toutes
ces fausses images de prudence: Car
vn Prince se trompe grandement
qui pense acquerir quelque sorte
d'honneur par ces vaines imagina-
tions, puisque la vraye gloire jet-
te de profondes racines, & s'e-
stend bien auant, & que tout ce qui
est accompagné de feintise, tombe
& se dissipe de soy-mesme, comme
les fleurs qui sont nées en mauuaise
saison. En fin rien de malicieux n'est
de durée, & vn Prince n'est iamais
bien seruy qui donne de l'ombrage
à ceux qui sont aupres de luy, d'autant qu'ils sont tellement en doute
si ce qu'ils font sera treuué bon,
qu'ils ne font presque iamais la moi-
tié de ce qu'ils doiuent faire.

L'exercice de la prudence consiste
aussi, comme nous auons dit, à re-

connoiſtre le bien auecque le mal,
pource qu'ils ſe meſlent ſi ſouuent enſemble qu'il eſt bien difficile de les ſeparer, de ſorte que quelques fois nous ſuiuons l'vn pour
l'autre, & prenons le faux pour le
vray. Auſsi les vices ſont ſi proches
des vertus, qu'ils ſemblent eſtre
vnis enſemble, iuſques là meſme
qu'il n'y a point de perſonne ſi infame ſur la terre qui ne vouluſt per-
ſuader qu'il y a de l'honneur à faire
ce qu'elle fait: d'où vient que la temerité veut paſſer pour valeur, &
que la moderation eſt nommée laſ-
cheté; celuy qui a peur s'eſtime prudent, l'auare croit que viure auec
toutes ſortes d'incommoditez pour
aſſembler des threſors, c'eſt eſpar-
gner, & le prodigue qui fait profu-
ſió de ce qu'il a rauy aux miſerables
ſe loüe de liberalité. Parmy ceſte

confuſion le Prince doit auoir l'œil
ſubtil pour n'eſtre point deçeu, & ſi
du commencement il ne peut voir
clair, à la fin le vice qui ſe deſtruit
touſiours de ſoy meſme ſe fera connoiſtre à luy, ſi bien que par vne longue habitude, il apprendra à ne ſe
laiſſer plus ſeduire à ces fauſſes im-
preſsions.

Vn Prince prudent doit auſsi eſtre
grandement curieux de ſa renommée, pource que ſon pouuoir ne ſe
maintient pas moins par là, que par
la force des armes, & preſque auſsi
toſt qu'il commence à prendre en
main les reſnes d'vn Eſtat, ſa renommée s'eſpand par tout, ſoit en bonne
ſoit en mauuaiſe part, mais de quelque façon que ce ſoit, c'eſt pour durer eternellement. Il ne la doit doncques pas deſirer immortelle, puiſque meſme outre ſon gré il ne laiſſe-

roit pas de l'auoir, mais tafcher à la
rendre fi bonne, que la pofterité be-
niffe fa memoire. Les hommes ont
ce vice qu'ils font plutoft touchez
d'amour & de haine par opinion
que par raifon, d'où vient que depuis qu'vne fois vn Prince eft en
mauuaife eftime aupres de ceux qui
luy obeiffent, non feulement fes vices font defagreables, mais encore
fes vertus font mal reçeuës. Ceux
qui meinent vne vie priuée ont cét
auantage par deffus eux, qu'il leur
fuffit, de ne commettre aucune faute qui foit cogneuë, au lieu qu'à eux
les moindres foupçons tiennent lieu
de crime : Et comme vne tache nuit
beaucoup plus à la beauté du vifage, que de grádes cicatrices ne font
aux autres parties du corps ; de mefme les plus petits deffaux paroiffent
grands en vn Prince, pource que fa

fortune eſt tellemét en veuë, que l'é-
uie a loiſir de la cóſiderer à ſon ayſe.
Auſſi ne peut-il ſe cacher non plus
que le Soleil, & ſa vie eſt attachée à
cette miſerable ſeruitude, qu'aucune de ſes actions ne demeure ca-
chée. La curioſité de ceux qui l'é-
clairent n'entre pas ſeulement dans
ſon Palais, & dans ſa chambre, mais
encore penetre iuſques dans ſon ca-
binet, & à peyne ſes penſées ſont elles incogneuës à quiconque deſire
paſſionément les ſçauoir : C'eſt
pourquoy on ne ſe ſouuient iamais
des Princes, dont la domination a
eſté funeſte à leurs peuples, que
pour les deteſter ; au lieu que la memoire de ceux qui ont fait regner
les vertus en leurs throſnes, demeure touſiours fleuriſſante, & triomphe de la mediſance & des années.

Il reſte maintenant à ſçauoir d'où

naiſt la prudence, ſurquoy on peut
raporter ce que diſoit vn Anciē par-
lāt des deux ſources d'où cette vertu procede. L'vſage, dit-il, m'a con-
çeuë & la memoire m'a enfantée, ſi
bié qu'on peut s'aſſeurer ſur l'expe-
riēce cóme ſur vne choſe infaillible,
& à n'en mentir point ny les grands
Capitaines, ny les ſçauants Philoſo-
phes, ny les fameux Orateurs quelques preceptes qu'ils ayent de leur
art, ne pourroient ſans l'experience
rien produire qui meritaſt de la loüange, pource que la raiſon eſt comme l'or, plus on la fait ſeruir, plus elle
reçoit de ſplendeur. Auſſi la con-
noiſſance des choſes s'acquiert
par la longueur de temps. C'eſt
pourquoy les jeunes gens ne ſont
pas ordinairement prudents, pource que la prudence dépent d'vn
long vſage: & comme la ſageſſe ap-

partient aux vieillards, de mefme
c'eft le propre des jeunes d'eftre te-
meraires, fi bien que les confeils des
vns feruent de defence aux autres.
Cependant la principale prudence
de la jeuneffe eft de recognoiftre
que ceux que l'âge a meuris, ont le
fens & le iugement plus raffis qu'elle, & fa plus vtile fcience confifte à
vouloir apprendre. Non pas qu'en
apparence l'orgueil & la prefom-
ption ne la troublent de telle forte
qu'il ne luy fafche bien de receuoir
des inftructions, mais lors qu'elle
r'entre en foy mefme, & confidere
fon aueuglement, l'ambition luy
fait defirer de fortir des tenebres
dont elle fe voit enuironnée. Cependant il eft bien vray que l'ignoran-
ce engendre l'audace, & que de la
peur naift la prudence. Toutesfois
la crainte eft bonne, qui fait hayr le

mal, & rend l'homme curieux de
ſon bien, comme auſſi l'audace eſt
déplorable, qui cauſe la ruyne des
peuples, & le naufrage des Eſtats.

La memoire qui eſt l'autre ſource
d'où naiſt la prudence, reçoit beaucoup de luſtre & d'inſtruction par
l'hiſtoire, comme font auſſi toutes
les autres vertus, pource qu'elle eſt
la lumiere de la verité, & la maiſtreſ-
ſe de la vie, & que ſans elle les belles
actions mourroient auecque ceux
qui les ont faittes. Mais particulierement elle eſt tres-ytile en ce qu'elle fait voir aux hommes, comme
d'vn lieu eminent les exemples de
toutes choſes, qui peuuent ſeruir de
reigle au maniment des affaires publiques & priuées, & nous auertir
que le vice quelque proſperité qui
l'accompagne pour vn temps (a touſiours vne fin tragique) & qu'au
con-

contraire la vertu, quelques malheurs dont elle soit accueillie, est à
la fin suiuie d'vne gloire qui ne se
termine iamais.

G

D E
LA IVSTICE.
CHAPITRE IV.

A Iustice est vne vertu Royale, puis qu'elle est Reyne de toutes les vertus, c'est pourquoy autresfois on creoit Roys ceux de qui les mœurs estoient les mieux reiglées : Et certes comme Dieu a mis le Soleil & la Lune dans le Ciel comme des images de sa gloire, de mesme il a estably les Princes dans les Republiques pour representer sa puissance. Ils doiuent donc mettre beaucoup de soin à suiure la Iustice, non seulement à cause que d'elle mes-

me elle est aymable , mais encores
afin d'augmenter la splendeur de
leur renommée: Car cette vertu est
le vray fondement de l'honneur, &
comme dit vn ancien prouerbe, les
hommes ne deuiennent Dieux que
par la Pieté & par la Iustice   Elle est
definie vne constante volonté, de
mettre chacun en possession de ce
qui est à luy: Aussi ceux qui commandent dans les Estats doiuent
tousiours auoir deuant les yeux ces
deux preceptes de Platon, sçauoir
d'estre si curieux du bien des sujets,
qu'oublians leur propre vtilité, ils
r'apportent tout ce qu'ils font à cette fin là, & d'ailleurs d'auoir vn soin
tres-grand du corps entier de la Republique, de peur que s'occupants
trop à maintenir la santé d'vn mem-
bre seul, tous les autres ne demeurent en langueur. Ce n'est pas qu'il

n'y ayt de certaines parties qui meritent d'estre mieux traittées que les
autres, neantmoins elles doiuent
toutes estre conseruées comme
necessaires.   L'Equité establit ce
bon ordre ; Car elle contient les
grands & les petits dans le deuoir
de fidelles sujets, & ne permet pas
que les loix soient semblables à ces
toiles d'areignées, dont parle vn
bon esprit de l'Antiquité, dans lesquelles les petites mouches demeurent arrestées, & les grosses passent
à trauers; ny ne souffre pas aussi que
l'empire de la richesse destruise le
sien, & triomphe de la pauureté.

Cependant pource que les Estats
ne se maintiennent que par la re-
compense, & par la punition, les
loix ont proposé l'vn à la vertu, &
l'autre au vice: car le desir de bien
faire s'esteint en nous, & la pares-

ſe s'accroiſt à meſure qu'on nous oſte la crainte & l'eſperance Auſſi n'y a-t'il point de doute que les hommes ne ſoient bons & mauuais ſelon qu'on recognoit leurs bonnes actions, & qu'on chaſtie leurs crimes. Il y en a peu qui ne ſuiuent, & ne fuyent ce qui eſt honneſte, ou qui eſt infame, ſelon qu'il leur a bien ou mal reuſſi. Les autres remarquans que l'innocence eſt opprimée, & que toutes choſes ſont propices aux coupables, ſe jettent dans le party le plus ſeur, & veulent eſtre & paroiſtre ſemblables à ceux qu'ils voyent proſperer : ainſi en deſirant eſtre eſtimez vicieux, ils le deuiennent en effet. Tout ce qui eſt dans le monde n'eſt loüé & ſouhaitté qu'à meſure qu'il eſt en eſtime ; Il y a des ſiecles où la malice a vn cours ſi grand, que tout le mon-

G iij

deconspire à l'obliger, alors chacun
veut s'y exercer ; mais qui retran-
cheroit le proffit ou le contentement qu'on en retire, peu de personnes voudroient estre meschans à
plaisir, non plus que difficilement
on se peut resoudre à embrasser la
vertu, quand le vice est en regne.

La seuerité est aussi grandement
necessaire à conseruer les Estats, car
comme il fait tres mauuais viure
sous vn Prince dont l'Empire est si
rigoureux, que rien n'est permis à
personne, encores est-il pire d'estre
en vne Republique, où toutes choses sont permises à tout le monde.
Aussi lors qu'on sçait se seruir à propos de la rigueur, elle est beaucoup
plus vtile que la clemence, pource
que le supplice d'vn seul, donne de
la frayeur à plusieurs, & qu'il vaut
beaucoup mieux coupper vn mem-

bregasté, qu'endurer que le venin
se respande par tout le corps. De
sorte qu'en pardonnant aux meschans, il faut craindre de perdre les
gens de bien ; Car c'est les offencer
& leur faire tort de souffrir que les
crimes soient impunis, pource qu'-
outre qu'on ne met aucune distin-
ction entre le bien & le mal, c'est encores vn grand charme à ces esprits
malicieux d'esperer grace apres
auoir failly. Toutesfois en la seuerité il faut apporter de la moderation, autrement elle deuiendroit
cruauté, & le remede seroit pire
que le mal. Vn homme d'Estat con-
seilloit autres fois aux Princes de
donner vn libre cours aux deborde-
mens des mœurs, qu'ils ne peuuent
arrester, depeur (disoit-il) de faire paroistre que leur auctorité n'est pas
capable de tout sur leurs sujets, &

de n'irriter dauantage cette mauuaise inclination qu'ils ont, en voulât la
corriger. Il ne faut pas neantmoins
que cette consideration soit si puis-
sante, qu'elle empesche d'abolir
quelque sorte de pernicieuse habitude que ce soit, lors qu'il y a quelq;
apparence de le pouuoir faire, mais
ce doit estre auec vne si particuliere
connoissance des coupables, que
ceux qui n'ont point failly, ne puis-
sent en receuoir du dommage. Car
si l'on vouloit côdamner tous ceux
qui sont accusez sans ouyr leurs
defences, où pourroient treuuer
de la seureté les innocens? De sorte
que ceux mesmes dont le crime est
visiblement recogneu, doiuent estre
examinez, afin d'obseruer la coustume; pource que quiconque or-
donne quelque chose sans auoir
ouy tous ceux qui y ont interest,

com-

combien qu'il ait iugé éqûitable-
ment, neantmoins il eſt iniuſte.
Qu'en iugeant donc le Prince ne ſoit
pas de facile creance, qu'il cherche
ſoigneuſement la verité, & fauoriſe
l'innocence. Il doit auſſi prendre
garde que la peyne n'excede la faute, & que pour vn meſme ſujet les
vns ſoient punis, & les autres ne
ſoient pas ſeulement menacez. Sur
tout il s'efforcera de n'eſtre touché
d'aucune paſſion, mais taſchera d'i-
miter les loix qui ſont portées par
l'equité, & non par la colere, à punir
ceux qui les ont violées. Outre ces
choſes il eſt obligé à ne chaſtier perſonne que pour trois raiſons, ou afin
de corriger celuy qu'il punit, ou afin
que ſon ſupplice corrige les autres,
ou plutoſt afin que les meſchans
eſtans exterminez, les bons puiſſent
viure en ſeureté. En fin pour der-

niere maxime qu'il doit tenir ſur ce
point, c'eſt que toutes les fois qu'il
eſt neceſſaire d'ordonner vn chaſtî-
ment, ce ſoit par ſes Officiers, & s'il
faut faire quelque recompenſe,
qu'elle parte touſiours de ſa main,
ſans en remettre la charge à d'autres,
ſi ce n'eſt pour la rendre plus aſſeurée.

Tous ces enſeignemens combien
qu'extremement ſolitaires, ſeroient
en quelque façon ſuperflus à vn
Prince, s'il ne ſe rendoit fort ſoigneux de ne confier iamais ſon pouuoir & ſa renommée à ceux qu'il
ſçait eſtre de mauuaiſe vie. Car il
vaut beaucoup mieux ne les appel-
peller point aux dignitez, que d'e-
ſtre contraint à les en oſter, apres
les y auoir mis: Et ie penſe qu'vn
Eſtat eſt plus aſſeuré dont le Prince
ſeul eſt vicieux, que celuy où les

Officiers le font tous: Pource qu'vn homme meschant peut eftre corrigé par plufieurs, mais vn feul homme de bien, quelque excellente vertu qu'il puiffe auoir, eft trop foible pour furmonter la mauuaife inclination de tât d'ames vicieufes. Que celuy qui commande donne donc la charge de fes affaires à ceux qui ont l'ame pure, plutoft qu'à ceux qui ont la confcience & les mains foüillées de toute forte d'iniuftice, & qui vendent l'authorité de leur maiftre fi ouuertement, qu'il femble que cette licéce foit authorifée ; pource qu'outre que l'eftime du Prince eft beaucoup diminuée aux pays eftrangers par ces pernicieux manimens de l'Eftat, c'eft encore attirer fur foy la hayne & les maledictions de fes fujets.

Qu'il s'efforce encore de rendre

les loix ſi abſoluës que chacun puiſſe auoir la poſſeſſion de ſon bien paiſible & aſſeurée, pource que l'on
paye ordinairement les tributs ſans
contrainte lors qu'on penſe qu'ils
ſont exigez pour garentir tout le
monde de violence , & qu'on n'e-
xerce aucune tyrannie en les exi-
geant. Il y a eu plus d'Empires ruy-
nez par l'auarice des Officiers, que
par la deſobeiſſance des ſubjets, ou
par l'effort des ennemys. C'eſt
pourquoy Tybere demandant à
Battus pourquoy les Illiriens s'e-
ſtoyent reuoltez contre luy, pource
dit il, que vous leur auez enuoyé des
loups au lieu de Paſteurs.

En fin ceſte vertu eſt ſi vniuerſelle
que les Souuerains meſmes comme
ils l'exercent ſur les autres , la doiuent encore exerçer ſur eux auec
beaucoup plus de ſoin: Et certes vn

Prince est déplorable, lequel est tellement aueuglé de l'esclat de sa fortune, qu'il s'imagine que tout ce
qu'il peut luy est permis, & que c'est
l'vne des marques principales de sa
grandeur que pouuoir tout faire
impunément. C'est vn discours de
Tyran, de dire que rien de ce qui
luy plaist ne luy est defendu, comme aussi c'est vne pensée digne d'v-
ne ame Royale, de croire que
quiconque peut tout, ne doit vouloir que ce qu'il doit faire.

H iij

DE

LA CLEMENCE.

CHAPITRE V.

IL y a beaucoup de difficulté à definir ceste vertu: Car si l'on dit qu'elle est vne inclination de l'esprit à la douceur, lors qu'il faut chastier les crimes, cette opinion ne manquera pas de contradictions, combien qu'elle soit la plus approchante de la verité; & l'on oppose qu'elle a ce deffaut, de supporter les meschans, puis qu'elle n'est bóne qu'apres qu'ils ont cómis quelque crime, & que seule entre

les vertus elle ne peut iuſtement
eſtre appellée innocente : Toutes
fois comme la medecine qui ſert au
malade, ne laiſſe pas d'eſtre eſtimée
de ceux qui ſont en ſanté ; de meſme
combien qu'il n'y ait que les coupables qui inuoquent la clemence, ſi
eſt-ce que les innocens ne doiuent
pas laiſſer de l'admirer. L'on peut
dire auſſi qu'elle eſt vne moderation des ſupplices que meritent
ceux qui ont violé les loix : Mais on
reſpondra que les vertus ne font iamais moins que ce qu'elles doiuent ;
où l'on apportera pluſieurs autres
obiections que le deſſein que i'ay
fait d'eſtre ſuccint m'empeſche d'al-
leguer. Quelques vns diſent que la
ſeuerité luy eſt oppoſée, comme ſi
les vertus pouuoient eſtre contraires les vnes aux autres. Et ceux de
la meilleure opinion veulent que ce

foit la cruauté, qui n'eſt autre choſe qu'vne extreme rigueur à punir les vices : Cependant on remarque que l'on nomme cruels ceux qui font ſouffrir des tourmens aux inno-cens, comme les pyrates qui excer-cent ſans ſujet ſur leurs eſclaues toutes ſortes de barbaries : Donc-ques la definition que nous auons apportée de ce vice eſt fauſſe, & il n'eſt point oppoſé à la Clemence. Toutes fois on peut reſpondre que c'eſt abuſer du nom en ce point, & que ce mauuais traittement qu'on fait à ceux qui ne font point coupa-bles, ſe doit nommer Inhumanité & non pas Cruauté ; car ce vice n'a ve-ritablement aucune mediocrité à punir les forfaits: mais il a touſiours quelque legitime ſujet de les punir.

Vn Prince qui veut eſtre loüé de bien rendre la iuſtice doit donc en

adoucir

adoucir la rigueur par la clemence, autrement elle ne seroit plus qu'vn exercice de Tyran. C'est la clemence qui nous enseigne à pardonner aux criminels, à surmonter les mouuements de la colere, à n'estre pas inexorables aux prieres de ceux qui nous implorent, & à ne garder iamais de hayne contre ceux qui nous ont offencez : En fin elle est si naturelle aux hommes qu'il semble qu'en deuenant inhumains, ils cessent d'estre ce qu'ils sont. Les Souuerains particulierement doiuent aymer cette vertu, pource qu'ils ont plus de pouuoir de se faire admirer par elle que les autres hommes. La cruauté des personnes priuées ne sçauroit beaucoup nuire, mais celle des Princes peut donner tous les iours la mesme terreur, & faire la mesme desolation qu'apporte-

roient de sanglantes batailles. De
sorte que cōbié que les vertus ayét
vne si parfaite vnió entre elles, qu’elles ne sont point meilleures, ny plus
honnestes les vnes que les autres, il
y en a neantmoins de particulierement plus conuenables à certaines
personnes. La prudence & valeur
sont tousiours necessaires aux Capitaines , & la Clemence l’est aux
Princes: Car qu’y a-t’il de plus mer-
ueilleux que de voir cette moderation d’esprit en ceux à la colere des-
quels rien ne peut s’opposer? & que
mesme personne n’ose prier, lors
qu’vne fois ils sont irritez? La fortune n’a rien de plus grand que de
pouuoir donner la vie à ceux qui
sont sur le point de la perdre, & cette dignité semble estre vne espece
de diuinité.

La Clemence ne rend pas seule-

ment les Princes plus admirables,
mais encores plus affeurez, & fert
efgalement à les orner & à les guarantir des confpirations, qui ne font
que trop familieres contre eux. De
forte qu'ils n'ont point de garde plus
affeurèe que l'amour de leurs fujets, ny d'Empire plus durable, que
lors que ceux qui leur obeiffent s'e-
ftiment heureux. Ceux qui donnent
de la terreur à leurs fujets, prouo-
quent leur hayne, & ne doiuent pas
viure fans apprehenfion, puifqu'il
eft neceffaire que celuy qui veut
eftre craint de plufieurs perfonnes,
en craigne auffi plufieurs.

Cependant la Clemence fans iugement eft vicieufe, car comme
c'eft cruauté de ne pardonner à perfonne, c'eft auffi foibleffe d'ame de
pardonner à tout le monde. Il y faut
apporter de la moderation, & con-

noiftre ceux qu'il y a apparence
qu'ils doiuent deuenir gens de bien,
apres qu'on leur a pardonnez, &
ceux de qui on ne peut iamais efperer d'amendement. Toutes fois il
faut efpargner le fang des hommes,
pource que le grãd nombre de fupplices n'apporte pas moins de def-
honneur à vn Prince, que fait le
grand nombre de funerailles à vn
Medecin, & les punitions trop fre-
quentes n'efteignent la hayne que
de bien peu de perfonnes, & al-
lument celle prefque de tout le
monde. Il doit doncques oublier les
petites fautes, eftre feuere enuers
les grandes, & fe contenter plus fouuent de la repentance, que de la
mort, de ceux qui font coupables.
L'homme veut eftre traitté auec
vn grand artifice, il luy faut pardonner fouuent, fi on ne le veut de-

sesperer , & comme il est sujet à
baucoup de maladies d'esprit , il est
souuent plus à propos de luy donner de doux remedes , que de s'irriter contre son mal.   Toutes fois
combien qu'il nous soit beaucoup
plus difficile de vaincre nostre colere lors que nous auons esté offencez, que quand il n'y a que l'interest
de la Republique qui nous touche,
si est ce qu'vn Prince doit moderer
sa passion , & paroistre plus exora-
ble aux iniures qu'on luy a faittes,
qu'à celles que le peuple a receuës.
Car comme celuy ne peut estre iu-
stement nommé liberal, qui fait de
grands dons du bien d'autruy , mais
qui s'incommode pour obliger ceux
qu'il iuge dignes d'estre assistez, de
mesme on doit dire que ce n'est pas
exercer la Clemence, d'estre facile
à ne vanger pas les offences faites à

I iij

l'Eſtat, mais que c'eſt l'exercer lors
que celuy qui a eſté bleſſé en ſon
honneur, ou en quelqu'autre ſorte
que ce ſoit, ſurmonte ſon reſſenti-
ment, & croit qu'il n'eſt rien de plus
glorieux qu'vn Prince qui a quelquefois pû eſtre offencé impunément ; pource qu'alors que ceux
qui ont eſté impudĕts iuſques à oſer
entreprendre de s'attaquer à luy,
ſont deſcouuerts, ils ne luy peuuent plus nuire, & peuuent eſtre
vtiles à ſa renommée.   L'vne des
plus remarquables actions que fit
iamais Auguſte, fut de ſe mocquer
de quelques perſonnes qui parloiĕt
inſolemment de luy. Et certes c'eſt
où la Prudence d'vn Prince paroiſt
grandement, car il eſt preſque touſiours à propos qu'il diſſimule l'offence qu'il reçoit des diſcours libres
de ſes ſujets, de peur que voulant

en empefcher le cours, il ne le leur donne plus libre. Iamais on ne mefdit moins que des Princes, de qui il eft permis de tout dire. Il eft bien vray qu'vne grande fortune demande vn grand courage, mais quelle plus euidente marque peut on trouuuer d'vn efprit genereux que la douceur & le mefpris qu'il fait de la calomnie? Vne ame bien faitte pardonne mefme à fes ennemis lors qu'il eft en fa puiffante de fe vanger d'eux, & croit qu'elle ne leur peut ordonner de plus rigoureufes peines que de les auoir reduits à fa mercy. C'eft affez d'auoir ofté aux vaincus le pouuoir de nuire, & vn Prince doit vfer glorieufement de la puiffance qu'il a de donner, & d'ofter la vie à ceux qui ont merité la mort. De forte que quand il eft neceffaire de chaftier les coupa-

bles, il doit y auoir de la contrainte,
& tefmoigner de le faire non pas
tant afin de perdre ceux qui l'ont
offenfé, que pour donner de la
crainte aux autres, puis qu'il n'y
a que les Tyrans qui prennent plai-
fir à voir des fupplices, ou qui abu-
fent de la grauité des loix pour au-
thorifer les cruautez qu'ils com-
mettent.

DE LA

DE
LA VALEVR.
CHAPITRE VI.

OMME la Iustice est extremement vtile à vn Prince pour gouuerner ses sujets durant la paix, la valeur de mesme luy est entierement necessaire pour les guarantir durant la guerre des iniures de ses ennemys. Ce n'est doncques pas mon dessein de recommander au Prince cette image de valeur que le peuple admire, & qui n'a pour origine que la hayne & l'ābitiõ;pour fondemēt que l'iniustice,

K

temerité, & dont les effets font fi
funeſtes qu'ils font ordinairement
accompagnez de meurtres, de ra-
uiſſemens, & de deſolation. l'en-
tends parler icy ſeulement de celle
qui anime le courage des Princes à
repouſſer les efforts des rebelles, &
des eſtrangers, & qui a l'equité pour
regle, la prudence pour conduitte,
& la paix pour objeƈt de tous ſes exploits. De ſorte que ſi cette aſſeu-
rance qui nous fait meſpriſer les
dangers n'eſt accompagnée de la
Iuſtice, & ſi au lieu d'eſtre em-
ployee pour le bien public, elle combat pour quelque intereſt particu-
lier, bien loin d'eſtre vne vertu, elle
eſt vn vice tres-pernicieux. Ceux la
doncques font vaillans, non pas qui
offencent ſans diſcretion, mais qui
ſe vangent courageuſement des offences qu'ils ont receuës, ſi bien que

guerre est tres iniuste qui est en-
treprise contre ceux qui n'ont donné aucun sujet d'estre attaquez, ou
qui apres en auoir donné se soumet-
tent à en faire satisfaction: comme
aussi la raison permet de se defendre à ceux qui sont forcez à le faire,
& qui n'ont plus d'esperance qu'en
leurs armes, c'est vne chose si equi-
table que la nature l'a enseignée aux
animaux, la necessité aux barbares,
& la coustume à toutes les nations
qui viuent sous des loix. Car nous
remarquons que tout ce qui est ani-
mé tasche de destourner de soy le
mal dont il cognoist qu'il est mena-
cé. Ainsi nous voyons que la guerre
a ses loix comme la paix, & que la iustice n'y est pas moins requise que la
force; autrement que seroit le monde qu'vn grand theatre sur lequel
toutes sortes de carnages se com-

mettroient impunément ? Cependant plusieurs Princes tiennent
que la prosperité de leurs voisins
leur donne vne legitime occasion de
les quereller , & comme si tout le
monde estoit de iuste conqueste
pour eux, ils forment tant de desseins, qu'il semble que la terre entiere ne soit pas capable de contenir
leur ambition; Aussi se dissipe-t'elle
le plus souuent en fumée, & ne leur
laisse que la honte d'auoir entrepris
plus qu'ils ne pouuoient executer.
La Prudence est encore necessaire à
la valeur, & combien que la fortune
fauorise les ames genereuses, si est-
ce que la raison doit gouuerner le
courage, & luy donner des reigles
sans lesquelles il ne peut rien faire
de glorieux. Quelques grandes
forces qu'ayent iamais eu les plus
fameux Monarques , ils n'ont

rien attaqué, qu'ils n'ayent deli-
beré deuant s'il eſtoit à propos de
le faire, où s'ils ſont entrez quelques fois dans le danger ſans le connoiſtre, raremét leur a-t'il bien ſuc-
cedé. Celuy qui craint tout eſt redouté de tous, & celuy qui ne ſe
deffie de rien, n'eſt gueres ſouuent
redouté de ſes ennemis. Vn bon
Capitaine ne met aucune choſe au
hazard, & ne fait iamais d'entrepri-
ſe deuant que d'auoir remarqué
tous les obſtacles qu'il y peut auoir,
Car il eſt facile meſmes aux plus
laſches de commencer la guerre,
mais lors qu'elle eſt vne fois enflam-
mée malaiſément la peut-on eſteindre ſans la ruyne de l'vn, ou de l'autre party, & l'on ne met bas les armes que quand il plaiſt au vain-
queur: Si bien qu'il faut conſiderer
ſes forces, & l'inconſtance de la for-

tune qui n'eſt propice qu'à qui bon
luy séble & quelque faueur qu'elle
promette , ſi eſt-ce que c'eſt vne
grande faute d'expoſer au peril ce
qui eſt aſſeuré, pour ſuire l'incer-
tain; pource que de cette ſorte c'eſt
debattre ce qui nous appartient,
pour deſirer trop ardemment ce
qu'vn autre poſſede. Le Conſeil
d'Auguſte eſt tres-bon , qui n'ap-
prouuoit iamais qu'on fiſt la guerre , ſi l'eſperance du gain n'eſtoit
beaucoup plus grande que la crainte de la perte qu'on pouuoit faire, à
cauſe (adiouſtoit-il) que ceux qui
hazardent beaucoup pour peu de
choſe, reſſemblent à ceux qui peſ-
chent aux petits poiſſons auec vn
hameçon d'or, lequel s'il venoit à ſe
perdre, ne pourroit eſtre recom-
penſé d'aucune priſe qu'il puſt
faire. Il ne faut ny deſirer ny la

craindre la guerre, mais eſtre preparé à tout ce qui nous peut arri-
uer. Il y a des eſprits qui ne peuuent demeurer en repos, ny ſouffrir que les autres y demeurent, &
ne ſeruent que de flambeaux pour
allumer la guerre & la ſedition dans
les Eſtats. Vn ſage Prince doit beaucoup plus apprehender des perſonnes de cette humeur, qu'on ne crai-
gnoit anciennement ces Furies qui
venoient tourmenter les hommes,
& doit eſtre grandement ſoigneux
de les exterminer, comme ne pou-
uant viure aſſeuré d'eſtre en bonne
paix, pendant qu'il ſouffrira parmy
ſes ſujets, ces autheurs de diuiſions.
Car que peut-on treuuer de plus
abominable que la guerre, puiſque
les effets ſeulement n'en ſont pas
malheureux, mais encore que la
ſeule crainte qu'ont les peuples d'en

eſtre trauaillez leur apporte d'infi-
nies incommoditez. Il y a deux ſortes de debattre les choſes que nous
penſons auoir quelque droit de demander, ſçauoir la raiſon & la force,
dont la premiere n'apartiét qu'aux
hommes, & l'autre n'eſt digne que
des beſtes. Qui peut donc voir ſans
regret que la pluſpart des hommes
ſoient reduits à cette brutalité de
ne rien decider que par la violence,
& par la force des armes ? Cependant puiſque c'eſt vn mal neceſſaire il faut s'y accommoder, & quand
l'occaſion & le temps le requierent,
auoir touſiours vne ferme reſolution de conſentir plutoſt à endurer mille morts, qu'à ſouffrir rien
laſchement ; pource qu'en acque-
rant l'eſtime de courageux on eſt
plus redouté, & que c'eſt oſter à
pluſieurs inſolens la hardieſſe qu'ils

ont

ont d'attaquer tout le monde indif-
feremment. Les timides sont malheureux, car ils n'ont pas vne heure
d'asseuré repos, & sont tousiours
en danger de receuoir quelque af-
front, à cause qu'on n'apprehende
pas d'offencer ceux qu'on est asseuré qu'ils n'oseroient s'en ressentir.
C'est pourquoy nous ne deuons iamais fuyr, quand le dãger se presente, de peur d'estre estimez lasches:
ny hazarder nostre vie sans sujet,
pource qu'il n'est point de plus ridicule follie que celle-là. La vraye Valeur consiste entre ces deux extre-
mitez, c'est à sçauoir de ne chercher
pas le peril comme temeraire, & de
ne s'en esloigner pas comme timide.

D E

LA LIBERALITE'

CHAPITRE VII.

CETTE vertu est tellement digne des Princes, qu'il n'y a presque qu'elle qui les rende adorables, & presque esgaux aux Dieux. Vn Empereur la nommoit son plus precieux thresor, pource qu'elle auoit eu plus de pouuoir que ses armes à conseruer son Empire ; iusques là mesme qu'il croyoit que la honte d'estre vaincu en magnificence deuoit estre plus sensible à quiconque porte vne Coronne, que celle d'auoir esté vaincu

en vne bataille. Et certes les Princes
font heureux principalement en ce
qu'ils peuuent beaucoup donner;
Auſſi ie penſe que le contentement
qu'ils prennent à enrichir qui bon
leur ſemble, ſurpaſſe de bien loin
celuy qu'ils ont d'eſtre riches eux
meſmes. Car il eſt tres difficile de
poſſeder de grands biens ſans enuie,
mais on ne ſçauroit iamais faire de
grands dons ſans en acquerir de la
gloire. Cependant pluſieurs perſonnes ſe trompent, qui penſent e-
ſtre liberales pourueu qu'elles donnent de quelque façon que ce ſoit,
ſans conſiderer que tout le monde
ſçait bien perdre ce qu'il donne,
mais qu'il y en a fort peu qui ſça-
chent comme il faut donner: Car ſi
la liberalité n'a la raiſon pour conduitte, elle n'eſt plus que vanité, &
que profuſion. Les deux ſources les

plus pures d'où ceſte vertu prend
naiſſance, ſont le bon iugement,&
l'honneſte bienveuillance: Sans ces
deux conditions il ne peut eſtre
aucun veritable bien-fait , pource
qu'il ſera ou prodigalité ou auarice.
Il eſt encore neceſſaire que les dons
ſoient accompagnez de la bonne
volonté de ceux qui les ſont : & certes ils ne ſont iamais plus agreables
que quand ils ſe preſentent à nous,
ſans que nous allions au deuant
d'eux, & que rien n'y apporte du
retardement, que la honte que nous
auons de les reçeuoir.　La magnificence les rend bien touſiours precieux, mais l'occaſion & la façon de
les offrir leur adiouſte vne certaine
grace, ſans laquelle vne ame gene-
reuſe ne les peut accepter : Et meſme ce qui luy eſt donné à pleine
main, ne l'oblige pas tant que ce qui

luy eſt preſenté d'vne main facile,
& vrayement liberalle ; Car autant
qu'on differe à luy accorder ce qu'il
a eu la peine de demander, c'eſt autant luy oſter de ſon pris, puiſque le
bien fait n'eſt deu que comme il a
eſté exercé. C'eſt pourquoy ô vous
que la fortune a mis en eſtat de pouuoir vous rendre tout le monde re-
deuable, vous deuez eſtre ſoigneux
de ne le faire iamais negligemment,
& n'imiter pas les miniſtres de vo-
ſtre puiſſance qui prennent plaiſir à
eſtaler vn long ſpectacle de leur in-
ſolence, & penſent ne pouuoir pas
beaucoup, ſi pour monſtrer leur
authorité ils ne font languir ceux
qui l'implorent, de ſorte qu'on peut
dire que leurs bien faits ſont autant
d'iniures. Soyez auſſi curieux, ſi
vous deſirez que vos dons ſoient
parfaits, qu'ils paruiennent entiers

iufques dans les mains de ceux
qui les reçoiuent, que perſonne n'en
retranche riẽ, ny ne puiſſe diminuer
l'obligation qu'on vous en a, pour ſe
l'attribuer.　Vous deuez encores
eſtre plus prompts à donner qu'à
promettre, & conſiderer plutoſt
les mœurs, que la fortune de celuy à
qui vous voulez faire quelque liberalité ; pource que cette vertu ne
peut eſtre eſclaue de la fortune, &
auſſi toſt qu'elle conſent à la ſuiure,
elle change de nature, & deuient
mercenaire. Si bien que ce n'eſt pas
à ceux qui ſont en proſperité, qu'elle s'adreſſe, mais aux gens de bien,
quelques miſerables qu'ils puiſſent
eſtre. Et certes c'eſt aupres des af-
fligez qu'elle doit reluire, ſi toutes
fois ils ne ſont dignes des calamitez
qu'ils ſouffrent. C'eſt obliger tout
ce qu'il y a de vertueux dans le

monde, d'en obliger vn d'entr'eux; comme aussi c'est les offencer d'assister les vicieux: C'est egallement mal fait de rendre de bons offices aux meschans, & d'en rendre de mauuais à ceux qui font de bóne vie. L'on commet trois fautes en donnant à ceux qui ne le meritent pas, car c'est perdre ce qu'on donne, c'est aussi oster aux bons ce qui leur deuroit appartenir, & rendre ceux à qui l'on donne, pires qu'ils ne font, en leur fournissant dequoy entretenir leurs vices. Il y en a qui negligeans ceux qui les seruent fidellement, donnent tout à des personnes qui leur demandent impudemment, & auec importunité, & le font moins pour contenter leur inclination, que pour ne sçauoir pas comme il faut refuser ; Cette sorte de liberalité se doit nommer faute d'asseurance. Il faut donc estre grandement iudicieux à choisir ceux à qui l'on veut faire du bien, & considerer attentiuement leur condition & leurs mœurs, pource qu'en donnant à des auares, on doit estre asseuré que le desir insatiable qu'ils ont d'acquerir des richesses, ne leur permettra pas d'en auoir du ressentiment. Faire des dons à des prodigues c'est les perdre. Donner à des ambitieux, c'est ignorer que l'auidité qu'ils ont d'achepter des honneurs leur empeschera d'auoüer iamais qu'ils ayent assez reçeu ; car leur passion n'a point de terme, & ils ne peuuent regarder d'où ils sont venus, mais seulement où ils veulent aller. Ceux qui donnent pour acquerir la bienveillance de leurs sujets, meritent bien d'auoir ce qu'ils desirent, mais difficillement

l'obtien-

l'obtiennent ils par ce moyen là, puis qu'il eſt certain que l'affection & la fidelité qu'on achette n'eſt iamais bien aſſeurée. Il faut auſſi prendre garde de n'eſpuiſer pas la ſource de la liberalité, d'autant que ceſte vertu eſt ſujette à ſe ruyner ſoy meſme, ſi elle n'eſt bien reglée : De ſorte qu'il eſt neceſſaire de conſiderer ce qu'on poſſede, afin de ſçauoir ce qu'on peut donner, de peur que l'vn n'exede l'autre. Vn Prince eſt pernicieuſemét liberal, qui ſurpaſſe ſon reuenu pour paroiſtre magnifique ; à cauſe que ceux qui ſont aupres de luy ne ſont pas ordinairement d'humeur à ſe contenter, quelques biens qu'ils ayent, & ſes meilleurs ſubiects demeureront cepédant en vne eternelle miſere, & à la fin les benedictions de ceux qui ſe ſont enrichis

M

ne feront iamais fi grandes que la
hayne & les maledictions des pau-
ures, qui regretteront fans cesse de
voir des flatteurs iouyr paifible-
ment de leurs despoüilles.

·D E

LA MODESTIE·

CHAPITRE VIII.

CETTE Vertu est si belle qu'elle est aymable en qui que ce soit, mais principallement aux Princes, qui sont d'autant plus eminents, qu'ils daignent s'abbaisser pour se rendre esgaux à tout le monde, & ne pensent pas moins estre cóme nous, qu'ils cognoissent qu'ils sont par dessus nous; Et certes combien que la dignité Souueraine soit bien esleuee au dessus des hommes, si est-ce neátmoins qu'elle est d'entre

les hommes. De sorte que quelques
honneurs qui nous arriuent, nous
ne deuons pas laisser de nous humi-
lier. Puis que nous ne paroissons iamais moins grands que quád nous le
voulós trop paroistre. Et ceux qu'v-
ne folle vanité persuade qu'ils sont
d'vn esprit & d'vne códition gráde-
ment sublimes, n'ont ordinairement
rien de solide, & comme il n'y a que
l'ambition qui les souftienne, ils tó-
bent aux moindres coups que la fortune leur donne. On les compare à
ces statuaires ignorans, qui s'imagi-
nent que la perfection d'vn Colosse
consiste à le rendre espouuantable,
& luy faire toutes les parties du
corps d'vne enorme proportion.
Car les Princes qui sont d'humeur
orgueilleuse, péfent de mesme qu'a-
uec vne voix graue, des regards farouches, & vne seuerité de mœurs

qui les rend insociables, ils representent mieux leur dignité ; combien
qu'au contraire cette estrange sorte
de grandeur face peur à ceux qui la
regardent, & rende odieux tout ce
qui est aymable en eux. Il y a grande difference entre les esprits sublimes, & les superbes; pource que les
vns sont tousioursmodestes & sans
estre agités d'aucune passion violen-
te, & les autres n'ont iamais de repos, mais excitent incessamment
quelque tumulte, ou dans leur ame
ou dans les lieux où ils se treuuent.
Ceux qui sont d'illustre naïssance ou
qui entrent en prosperité sont ordinairement sujets à ce vice, & mespri-
sent ceux qui leur sont inferieurs.
Le moindre vent propice qui leur
donne du bon-heur, esleue en eux
tout ce que leur esprit a de leger , &
leur oste la memoire de ce qu'ils ont

esté, & la pensee de ce qu'ils doiuent deuenir. Tant il est vray que la fortune n'est pas seulement aueugle, mais encore qu'elle ferme les yeux à ceux qui la suiuent, pour leur empescher de voir les precipices où elle les meine le plus souuent. Celuy qui sçait se cõmander lors qu'elle le rẽd heureux, est digne de commander aux hommes, & à la fortune mesme ; puis que Dieu se plaist à benir ceux qui recognoissent que tout le bien qu'ils ont vient de sa main, & à destruire ces ames superbes que l'insolence rend ingrattes des faueurs qu'il leur a desparties. Aussi deuons nous penser que plus nous desirons auoir d'honneur & de possessions, plus nous desirons donner au malheur de pouuoir sur nous. Nous n'auons rien de si asseuré, qui ne soit en danger de nous estre rauy par le moindre de tous ceux qui viuent; le Lyon sert quelquefois de pasture aux plus petits animaux de la terre, & le fer est souuent consommé par la roüille. La vie mesme du plus redoutable Monarque du monde dépend de quiconque ne se soucie plus de perdre la sienne. On en a veu de trop funestes exemples de tout téps, qui font assez voir qu'il y a bien peu de difference entre pouuoir tout, & ne pouuoir rien. Que les Princes ayent doncques tousiours ces pensees en l'esprit, & n'entrent iamais en orgueil, quelques fauorables succez qu'ayent tous leurs desseins, pource que les Prouinces qui sót regies auecques moderation, fleurissent ordinairement, & qu'il n'est point d'Empire si glorieux qui puisse durer long temps lors que celuy qui le gouuerne est presóptueux &

insolent. Cependant qu'il fasse reluire sa modestie en toutes ses actions, car il ne doit pas contéter seulemét les esprits, mais encore les yeux de ses sujets. Qu'en son visage, en ses gestes, en son maintié, & en tout ce qu'il faict il paroisse de la grace. Qu'on ne remarque rien de côtraint en ses yeux, à cause qu'ils descouurent ordinairement tout ce qui est de plus caché dans l'ame. Qu'il soit modeste en ses habits, pource que le trop grand soin qu'on apporte à ces superfluitez fait oublier les choses necessaires, & qu'il vaut beaucoup mieux auoir l'ame ornee de toutes sortes de vertus, qu'estre couuert de tout ce que nostre vanité a rendu precieux. Il doit aussi s'estudier à acquerir vn discours facile; car on ne sçauroit estimer combien ceste partie rend vn Prince re-

commendable lorsqu’il en ſçait vſer
iudicieuſement; c’eſt à dire en eſcou-
tant beaucoup & en parlant peu :
d’autant que, comme diſoit vn Ancien , la nature nous a donné deux
oreilles & vne ſeule langue , pour
nous aduertir d’ouyr plus que nous
ne diſós. Auſſi eſt-il certain que le ſi-
lence eſt vn threſor ineſtimable à celuy qui gouuerne vn Eſtat, & que
ceux là ſont incapables de grandes
entrepriſes, qui ne peuuent ſe taire,
lors qu’il en eſt temps. D’ailleurs il
faut prendre garde que noſtre diſcours ne faſſe remarquer quelque
vice en nos mœurs , & éuiter principalement en parlant de nous, les
occaſions de nous vanter , pource
que quand meſme ce que nous di-
rions ſeroit veritable, ſi eſt-ce que
la modeſtie nous doit empeſcher
de le publier nous meſmes. En fin vn

Prince doit beaucoup faire & dire
fort peu: Car comme c'eſt vne grande vertu de n'auoir que des diſcours
neceſſaires & ſerieux, il n'eſt rien
auſſi qui offence tant la Majeſté
que d'en tenir de ſuperflus.

DE LA
TEMPERANCE.

CHAPITRE IX.

Visque la Temperance n'est autre chose qu'vn pouuoir absolu de la raison sur tous les mouuemés desreiglez de l'ame, qui ne voit qu'elle est entieremét necessaire à ceux qui sont nez pour commáder? Car il n'est rien de si excellent, ny de si magnifique qui n'ait besoin de quelque sorte de moderation, autrement toutes les choses du mó-de iroient dans l'excez ou tombe-

roient dans le manquement. Mais
ceſte vertu leur donne l'ordre, commande aux voluptez, empeſche le
cours aux vnes, & reduit les autres
à vn bon vſage; elle ſçait reigler nos
deſirs & leur dõner autãt qu'il faut,
& non pas autant qu'ils demandent.
C'eſt elle encores qui no⁹ ſert de gui-
de en tout ce que nous faiſõs, pource que ce n'eſt pas aſſez de iuger du
bien & du mal, mais il faut encores
s'arreſter au iugement que nous a-
uons faiɕt. Il ſe treuue des eſprits ſi
foibles qu'ils ne peuuent prendre
aucune ferme reſolution, la moindre apparence de plaiſir les gaigne,
& ſans conſiderer l'aduenir, les ob-
iets preſens les touchent tellement
qu'ils ne peuuent les quitter qu'a-
uecque vne extreme violence. La
Temperance retranche ces appe-
tits aueuglez & rend la raiſon abſo-

luë en nous; comme au contraire la
diſſolution & l'amour des voluptez
met l'ame en vn eternel deſordre, &
la rend eſclaue des paſſions. De ſorte qu'il en eſt comme de ceux qui
prennent auecques de grandes peines des beſtes farouches, qu'ils ne
peuuent garder qu'auec d'extremes dangers. Car ceux qui s'addon-
nent à leurs contenteméts, courent
ſouuent apres leur ruyne, & en les
prenát ſe treuuent d'ordinaire pris
eux meſmes, pource que dautant
plus que le nombre des plaiſirs qu'ils
ſuiuent eſt grand, à dautant plus de
maiſtres ſont ils ſubjets. Ceux là
particulierement ſont blaſmables
qui n'ayans ſoin que des delices du
corps laiſſent dormir leur eſprit, &
l'accablent ſous le faix des voluptés
qu'ils cherchét pour cótenter leurs
ſentimés. Veritablemét il faut auo-

üer qu'il n'eſt poït de peſte plus mor-
telle au corps que celle-cy l'eſt à l'a-
me, puis qu'elle luy oſte toute ſa force , & eſteint en elle le deſir qui la
faiƈt naturellement aſpirer à la gloire. Hannibal que l'horreur des Al-
pes ny la froideur des neiges qu'il
trauerſoit n'auoient pû domter, fut
à la fin ſurmonté des douceurs de la
Campaine, & combié qu'il euſt eſté
inuincible aux armes, ſi eſt-ce qu'il
ne pût reſiſter aux vices qui l'aſſail-
lirent en ce delicieux climat. Tant
ce mal eſt dangereux à quiconque
ne ſçait s'en defendre. Puiſque meſme les ames les plus genereuſes ne
peuuent s'empeſcher d'en eſtre in-
feƈtees.

VnPrince doit auſſi fuïr les deſbor-
demens de mœurs, cóme la ruine de
la Majeſté qui le doit accópagner en
tous lieux, pource qu'il eſt bien dif-

ficile de la maintenir touſiours eſga-
le parmy les deſbauches & les excés, dont la plus grande douceur
conſiſte à bannir toute ſorte de reſ-
pect: & à n'en mentir point, c'eſt
vne choſe bien indigne de ceux dõt
la condition eſt preſque diuine, de
rechercher des plaiſirs qui leur ſont
communs auecques les moindres
creatures de la terre, & dont la fin
eſttouſiours ſi deshóneſte, qu'il faut
ou s'en repentir ou auoir honte de
s'y eſtre addonné. C'eſt pourquoy
nous deurions touſiours conſiderer
les delices lors qu'elles s'en vont, &
ne les regarder iamais lors qu'elles
ne font que de venir. Car d'abord elles ne nous promettent que ioye &
contentement: mais en nous quit-
tant elles ne nous laiſſent que le regret de les auoir ſuiuies. Vn vertueux perſonnage de l'Antiquité

diſoit que la volupté eſt le mal le
plus pernicieux du monde, & que
tous les crimes & toutes les calamitez des hommes prennent leur naiſſance d'elle, comme d'vne ſource de
toutes ſortes de malheurs. Et certes l'ire de Dieu & l'effort des ennemys ont moins ruyné de Prouinces,
& de villes, que ceſte peſte n'en a
deſolé. Venus a perdu Troye, &
Bacchus a armé les Lapithes & les
Centaures les vns contre les autres.
Que cecy ſoit fabuleux ou veritable, neantmoins il eſt certain qu'il
n'eſt point de force ſi grande, ny d'a-
mitié ſi eſtroitte que l'amour & le
vin ne puiſſent deſtruire, lors que
nous en abuſons au lieu de nous en
ſeruir modérement. L'amour par-
ticulierément eſt vne paſſion fort
ennemie de la Temperance, & qui
perd ordinairement les Princes qui

en

font touchez , pource qu'en cefte grande liberté qu'ils ont de pouuoir iouyr de tout ce qu'ils defirent , il leur eft bien difficile de ne fe laiffer pas aller aux excés, s'ils n'en sõt retirez par vn puiffant effort de raifon: outre que cefte mauuaife inclination foüille leur honneur , & femble leur rauir le tiltre de Souuerains, puis que pour eftre fidelle Amant il faut s'auoüer efclaue, & que cefte folie eft incomparible auec la Maiefté & la bienfeance. De forte qu'il faut donner remede à cefte maladie auffi toft qu'elle commence à naiftre, & n'attẽdre pas qu'elle ait gaigné le cœur, car alors elle trouble l'efprit auec tant de force qu'elle deuient incurable. L'oifiueté l'entretient , qui peut furmonter ce vice triomphe de l'amour. Que les ieunes Princes s'adonnent donc à toutes

fortes d'exercices, fans toutesfois
faire aucune violence dangereufe.
Car il faut fe feruir des jeux & des
paffetemps comme du fommeil &
des autres repos, qu'il eft bon de pré-
dre apres qu'on s'eft acquitté des
chofes neceffaires, & aufquelles on
eft obligé. Iamais rien qui offenfe la
modeftie ou la Temperance ne doit
paroiftre parmy les diuertiffemens
d'vn Prince , mais pluftoft il doit
faire de telle forte qu'on y voye
toufiours reluire quelque lumiere d'vn efprit qui n'a rien de com-
mun. Cependant ie ne veux pas l'af-
fuiettir à cefte rigoureufe contrainte, de ne iouyr iamais plainement des
contentemens dont l'abondance eft
fi grande aupres de luy qu'il en eft
eternellement enuironné. l'approuue qu'il en préne autāt qu'il en peut
porter, fans en auoir la raifon trou-

blée, c'est à dire bien peu, & bié rarement; car c'est vne fumée si subtile
qu'elle surprend bien tost l'esprit, &
l'empesche de pouuoir imaginer rié
de bon. De ceste sorte il les trouuera
plus agreables, pour ce qu'il n'est
rien de si doux dans le monde où l'on
ne trouue à la fin de l'amertume lors
qu'on s'en assouuit. Toutesfois il
y a des choses qui portent fausse-
ment le nom de plaisir, comme faict
la lubricité, qui sous l'apparence d'v-
ne volupté qui ne dure qu'vn mo-
ment, laisse apres d'eternels regrets.
Le vray contentement ne naist que
de la Vertu, & il n'y a que le Iuste, le
Clement, le Liberal, ou le Temperát
qui ayent vn veritable sujet de s'estimer heureux.

F I N.

EXTRAICT DV PRIVILEGE DV ROY.

PAR Grace & Priuilege du Roy, il eſt permis à Tovssaint dv Bray, Marchand Libraire Iuré à Paris d'imprimer ou faire imprimer, vendre & diſtribuer vn liure intitulé *Des vertus que doit auoir vn Prince, pour bien gouuerner ſes ſuiets*, & defences ſont faictes à tous Libraires, Imprimeurs & autres, de le faire imprimer, contrefaire ny alterer ſi ce n'eſt du conſentement dudict du Bray, & ce pendant le temps & terme de ſix ans entiers & accomplis, à commencer du iour que ledict liure ſera acheué d'imprimer à peine de confiſcation des liures contrefaicts & de ſix cens liures d'amende enuers ledict du Bray, auec tous ſes deſpens, dommages & intereſts, ainſi que plus amplement eſt contenu & declaré audict priuilege. Donné à Paris ce 10. Mars 1623.

Signé,   RENOVARD.